collana didattica di musiche a cura di
Celestino Dionisi

Dedicato al Flauto Dolce

Gli scambi tra le dita
per Soprano

Exchanges between fingers
for Descant recorder

Vol. 2

Titolo | Dedicato al Flauto Dolce - Gli scambi tra le dita per soprano vol. 2
Autore | Celestino Dionisi

ISBN | 978-88-91183-64-4

Finito di stampare nel mese di Gennaio 2016

© Tutti i diritti riservati all'Autore
Nessuna parte di questo libro può
essere riprodotta senza il
preventivo assenso dell'Autore.

Youcanprint Self-Publishing
Via Roma, 73 - 73039 Tricase (LE) - Italy
www.youcanprint.it
info@youcanprint.it
Facebook: facebook.com/youcanprint.it
Twitter: twitter.com/youcanprintit

Baroque Personal Trainer
http://studioemc.it/baroquetrainer/

Per vedere i video relativi a questo e ad altri volumi della collana:
To view videos on this and other books in the series:
You Tube http://www.youtube.com/user/BaroqueTrainer

Gli scambi fra le dita
per Soprano
Exchanges between fingers
for Descant recorder
Vol. 2

6

Sol minore armonica

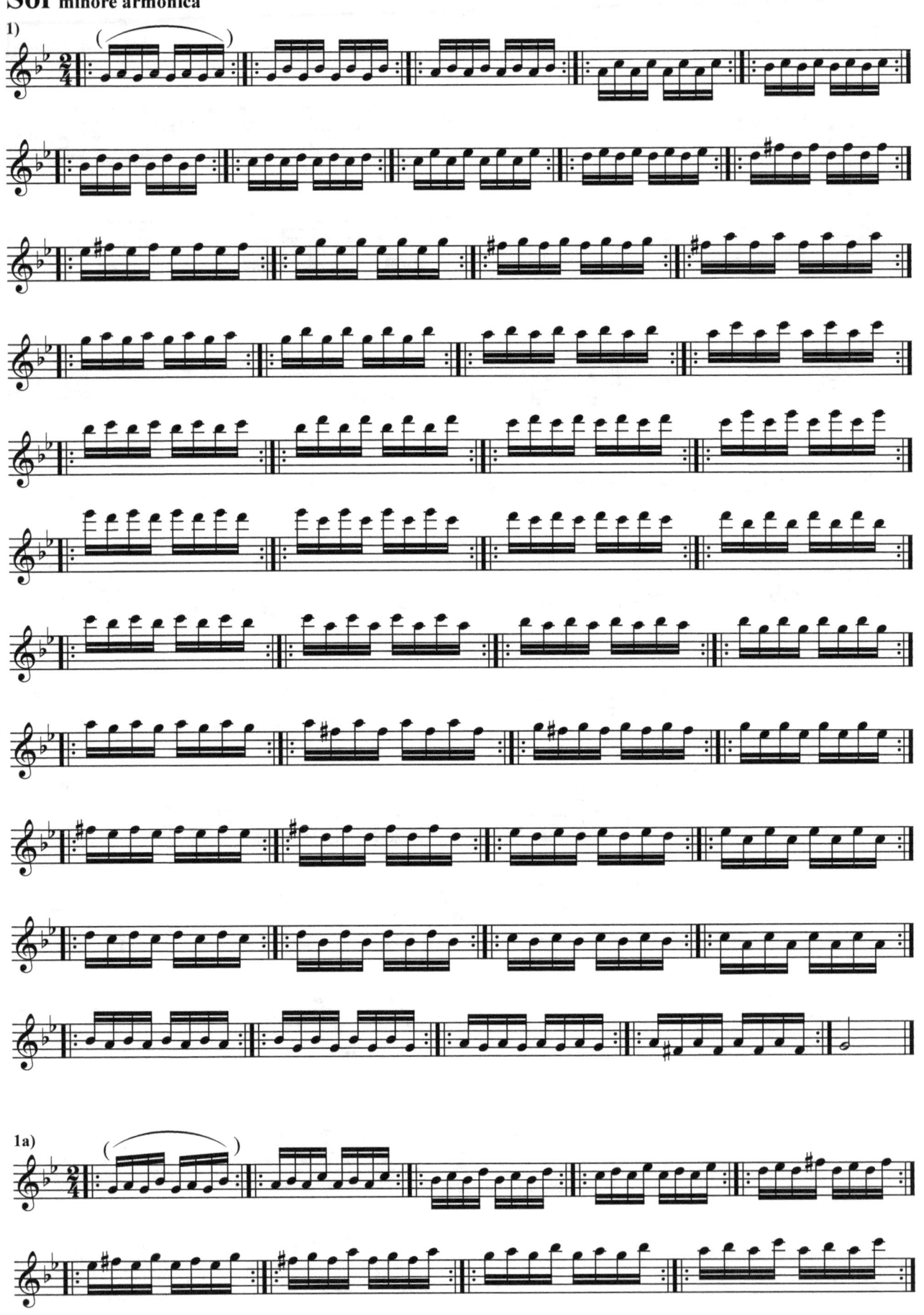

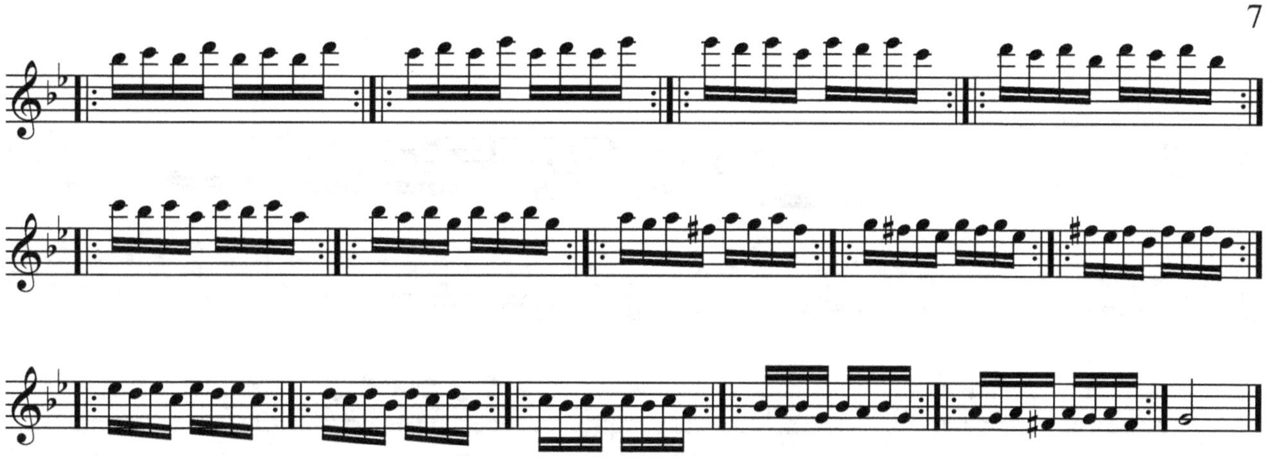

2)

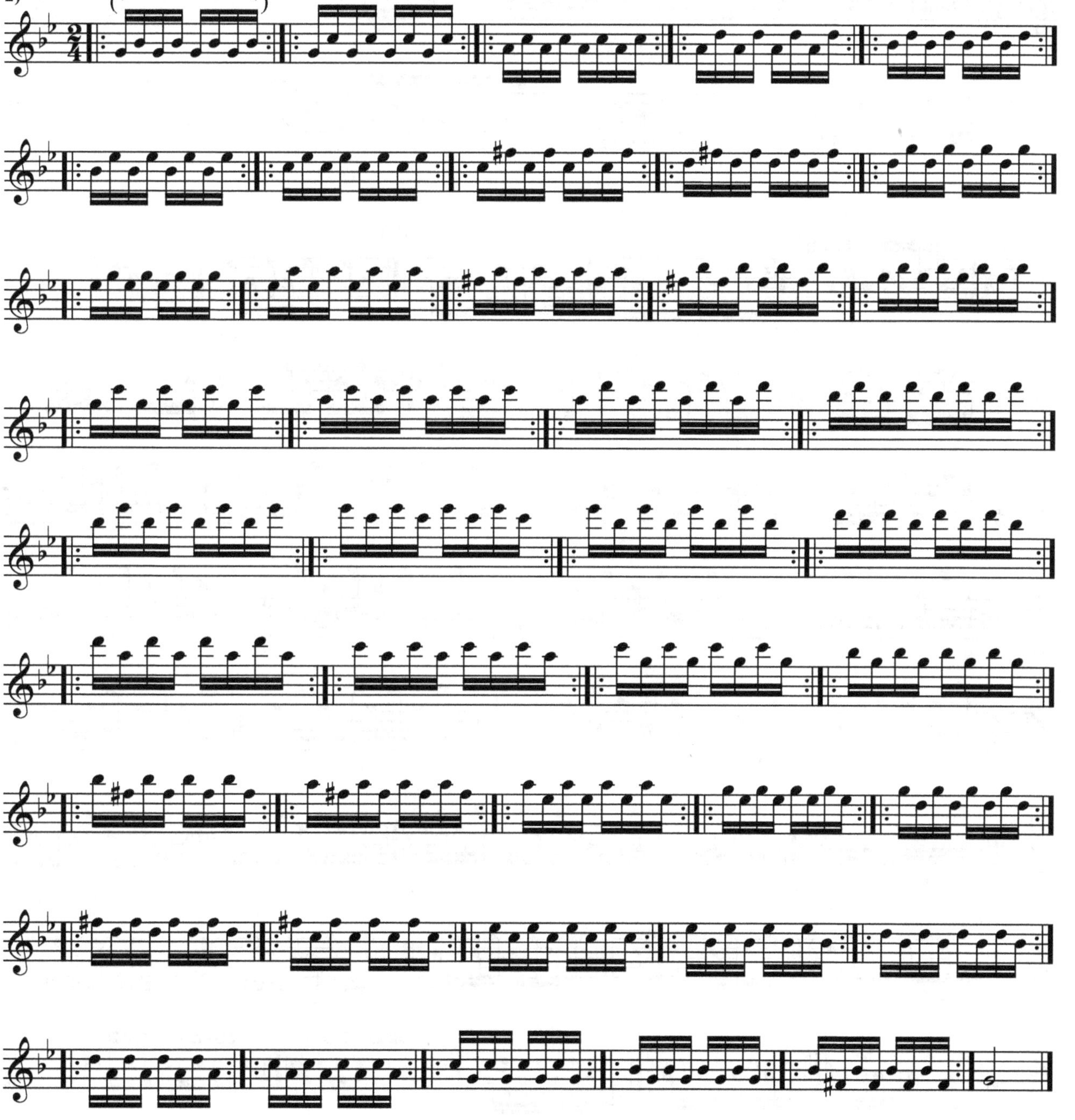

12

Sol minore melodica

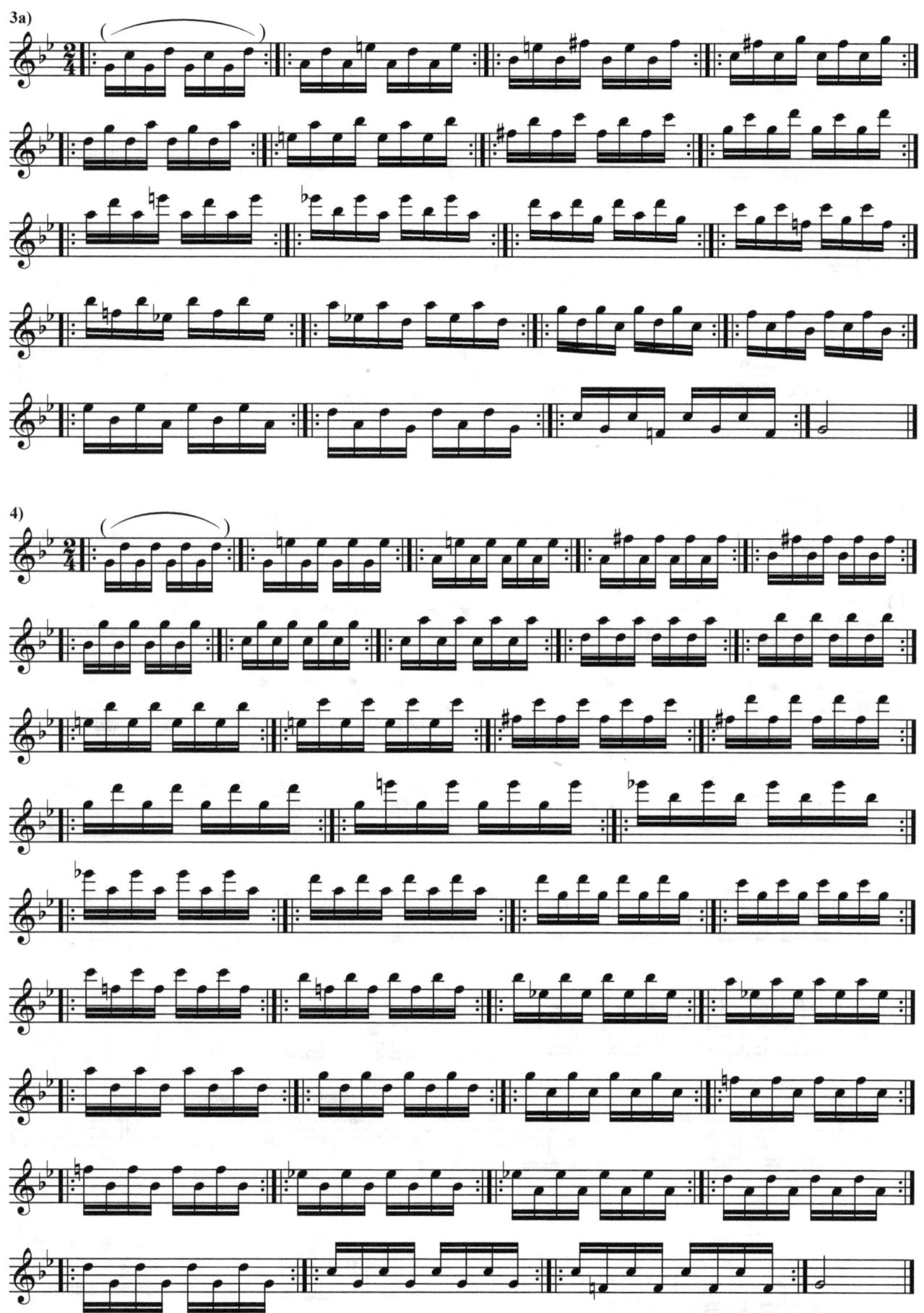

18

Sol minore Bach

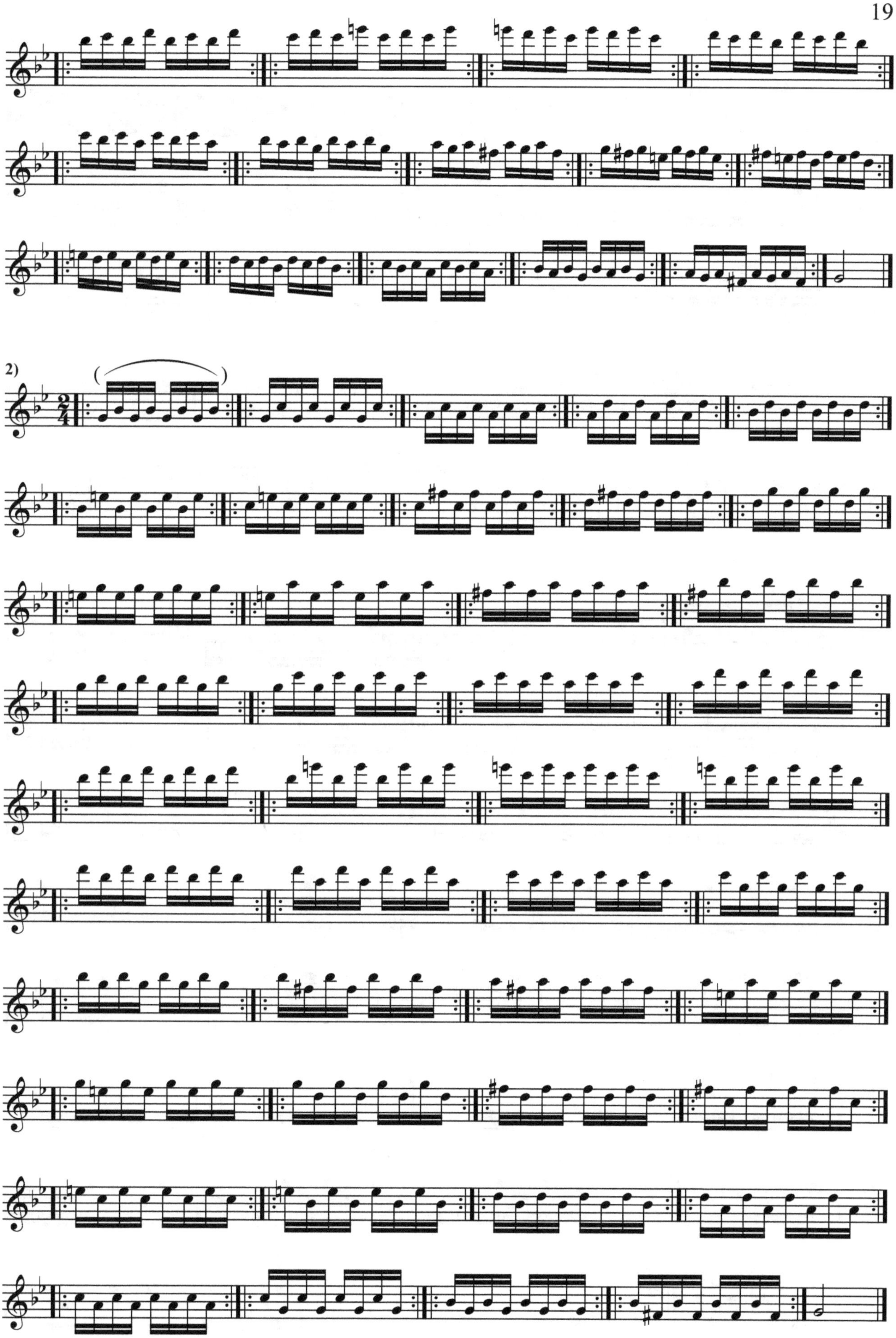
2)

20

Re

1)

32

6a)

Si minore armonica

1)

33

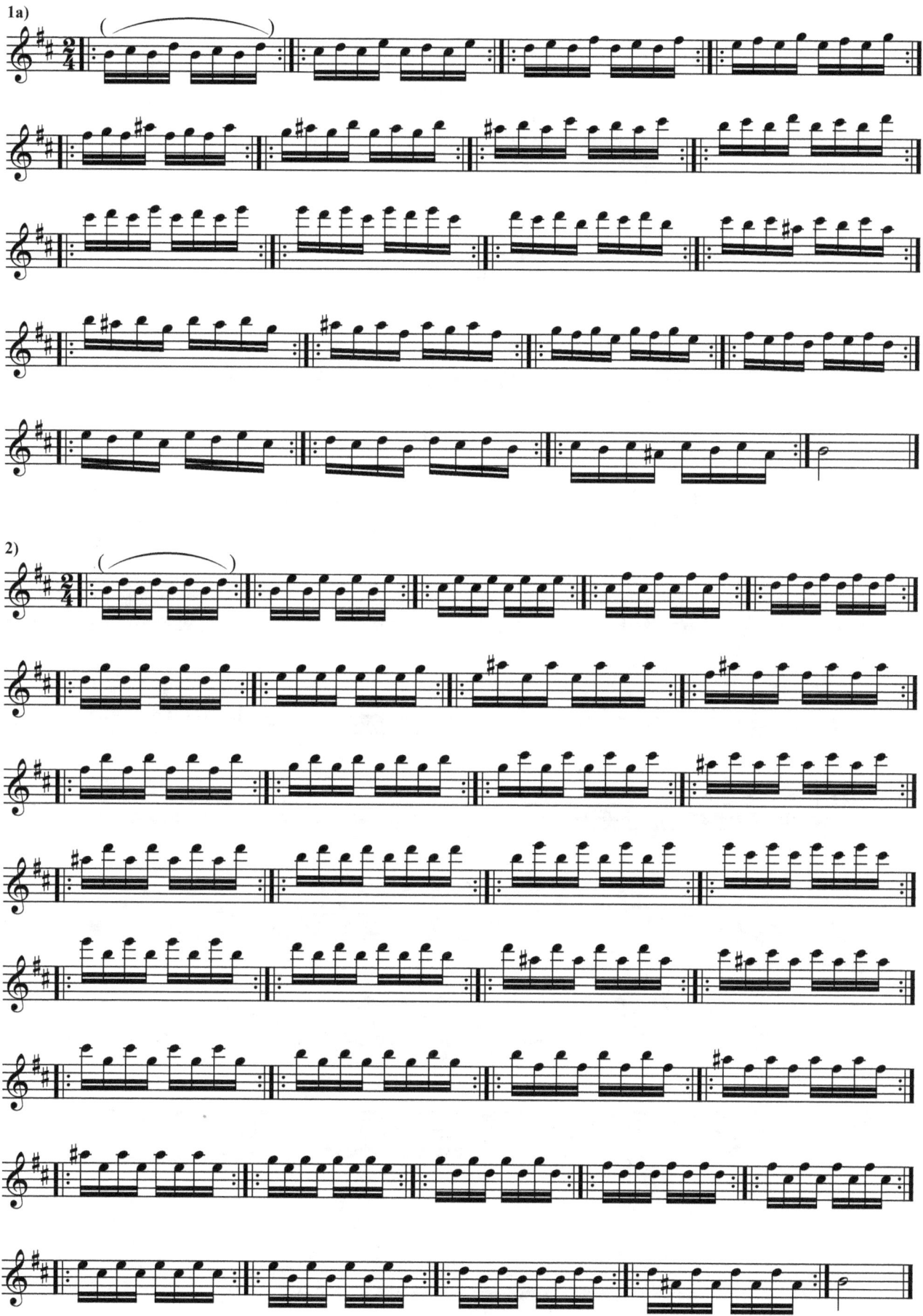

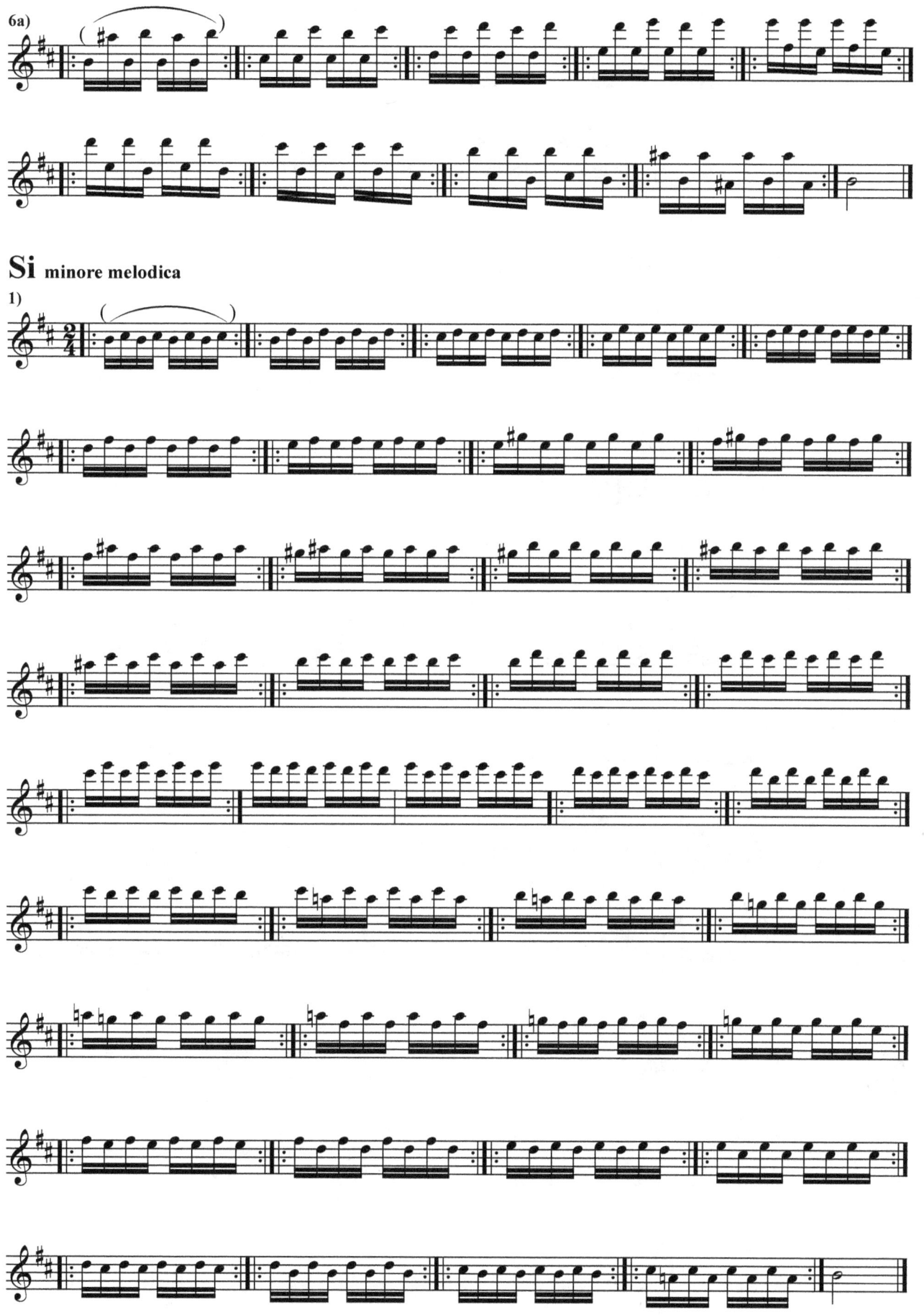

Si minore melodica

38

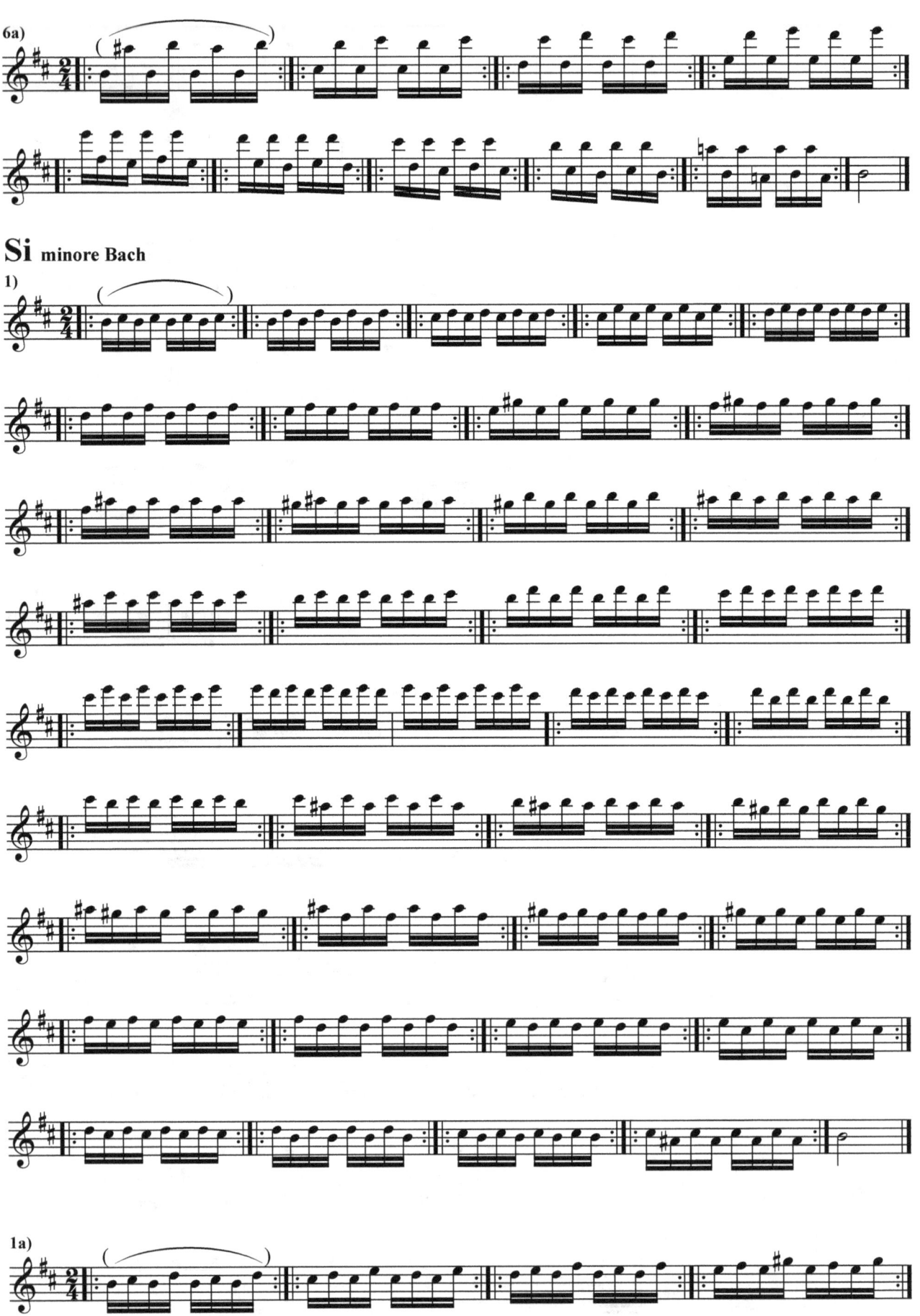

Si minore Bach

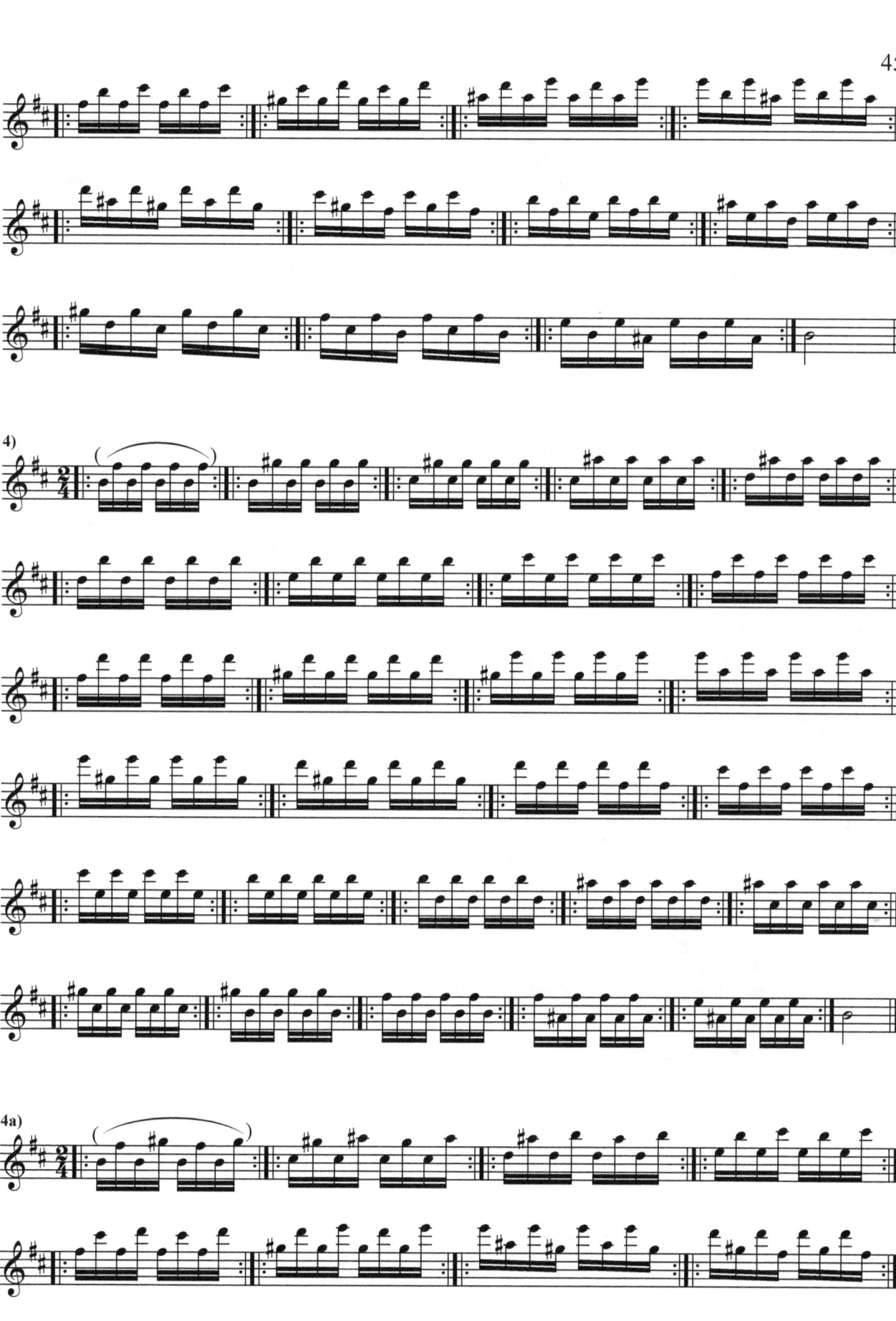

47

Mi ♭

1)

54

6a)

Do minore armonica

1)

2)

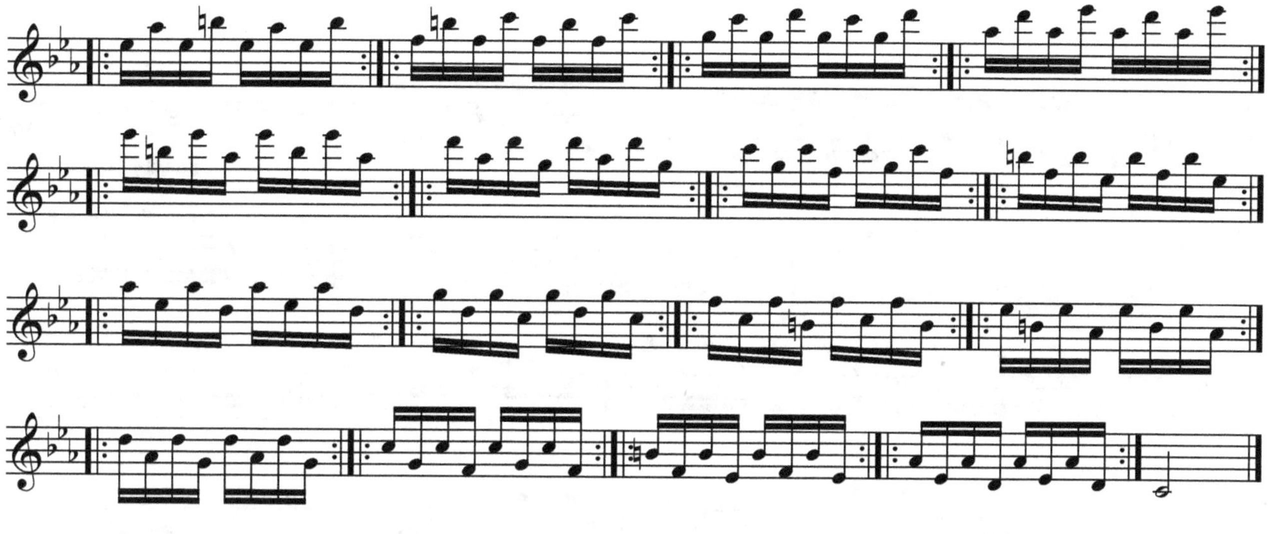

4)

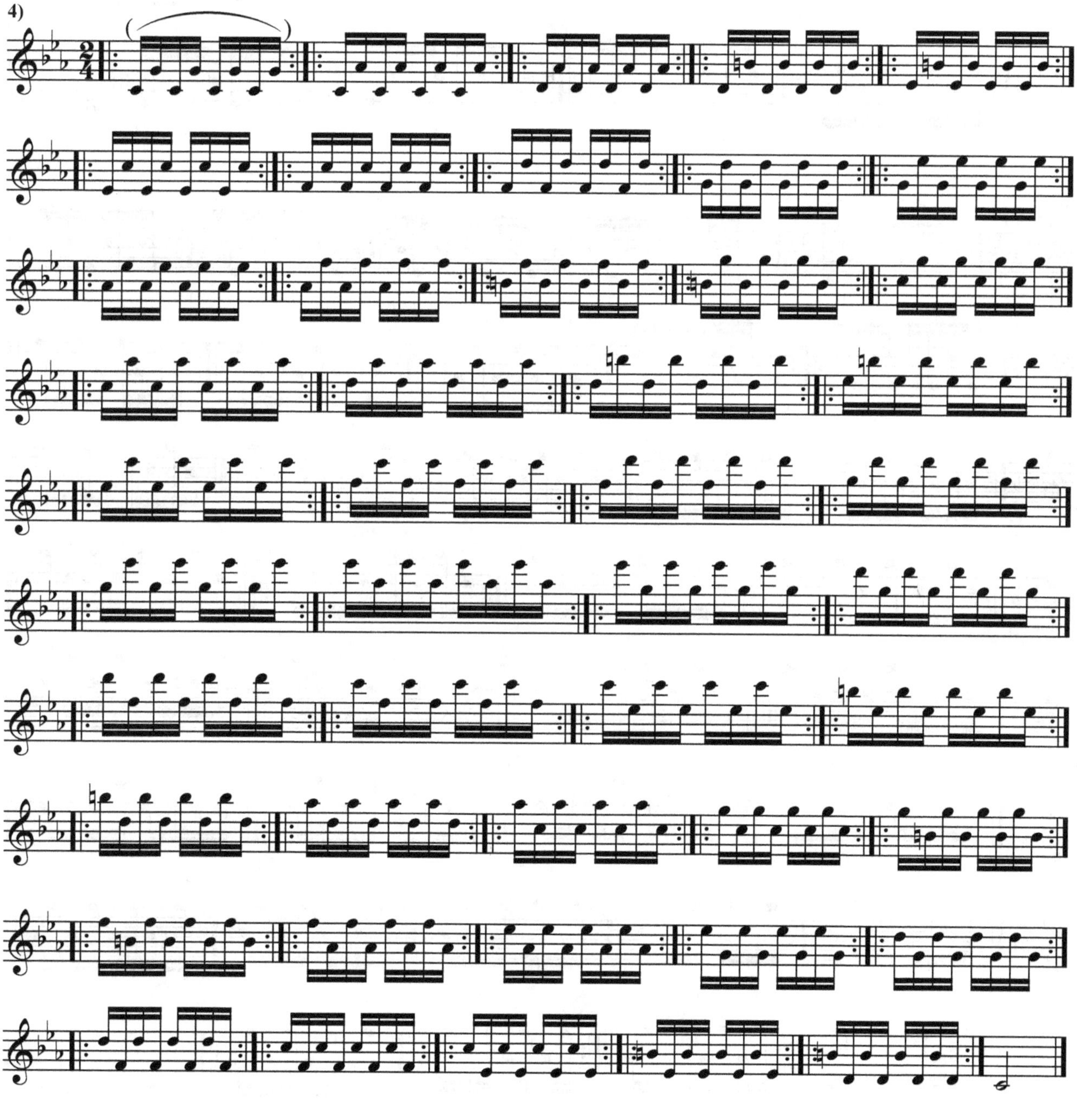

Do minore melodica

64

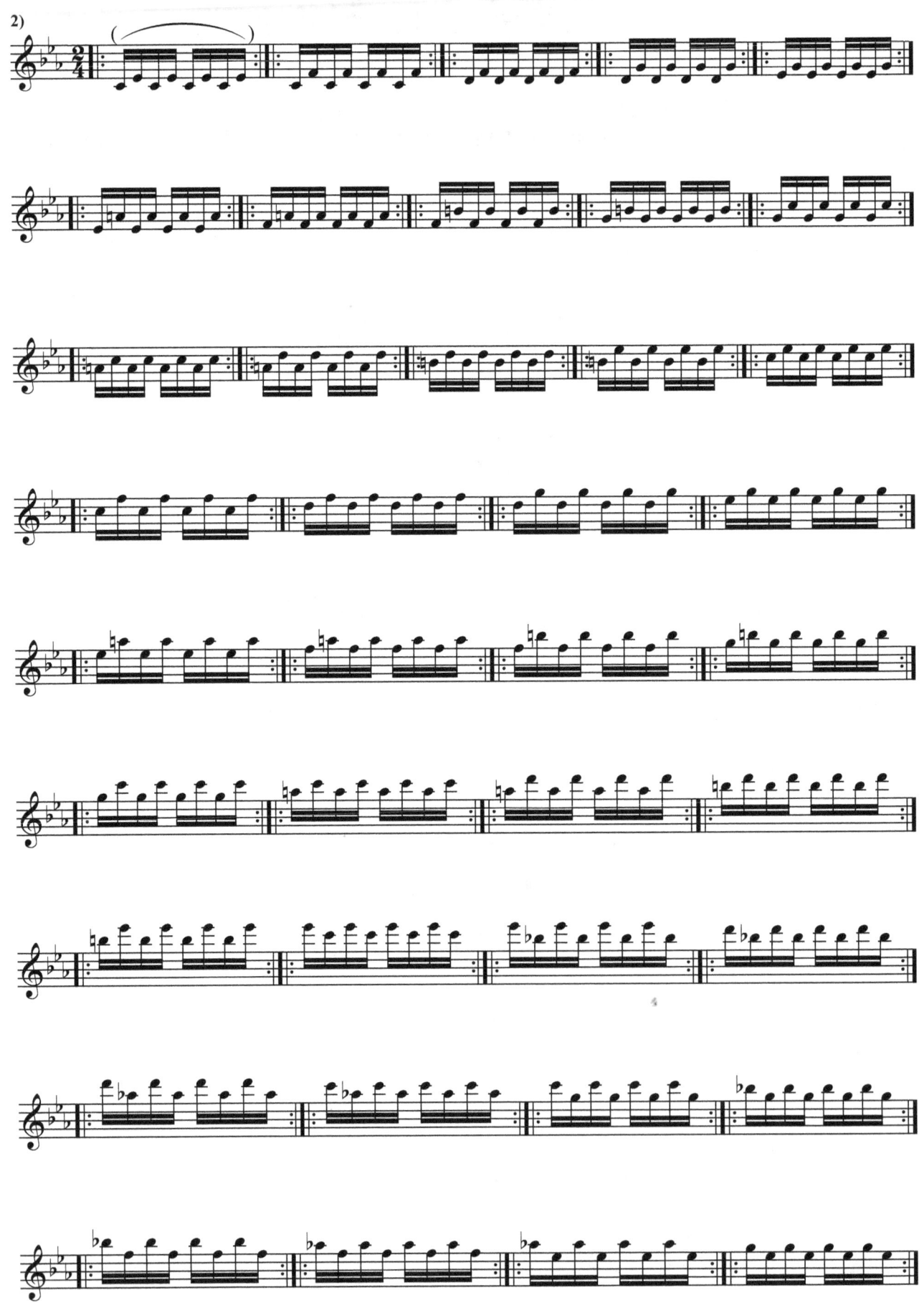

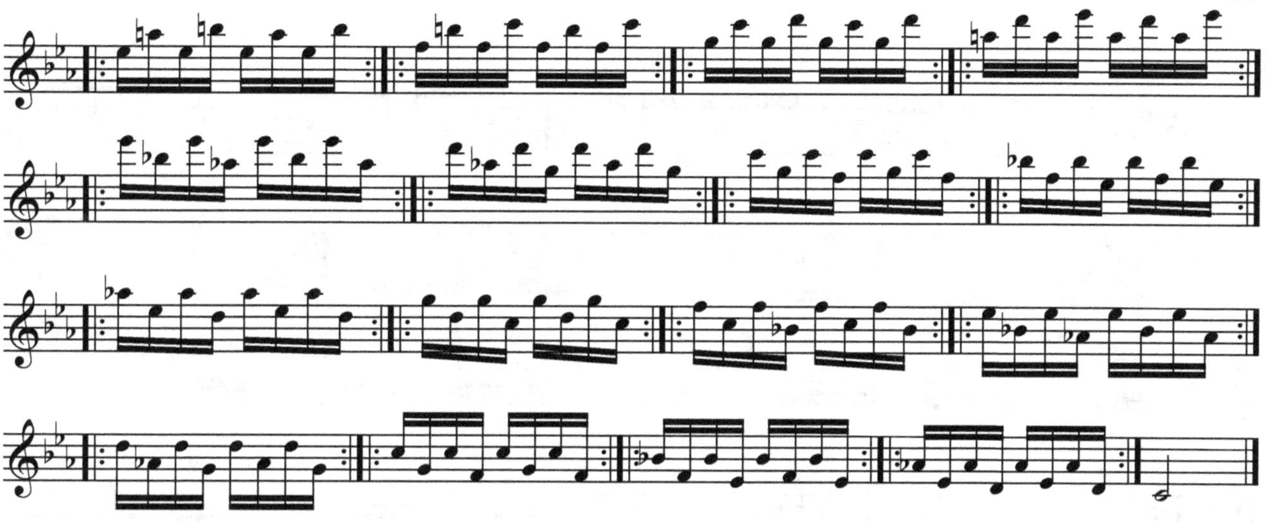

4)

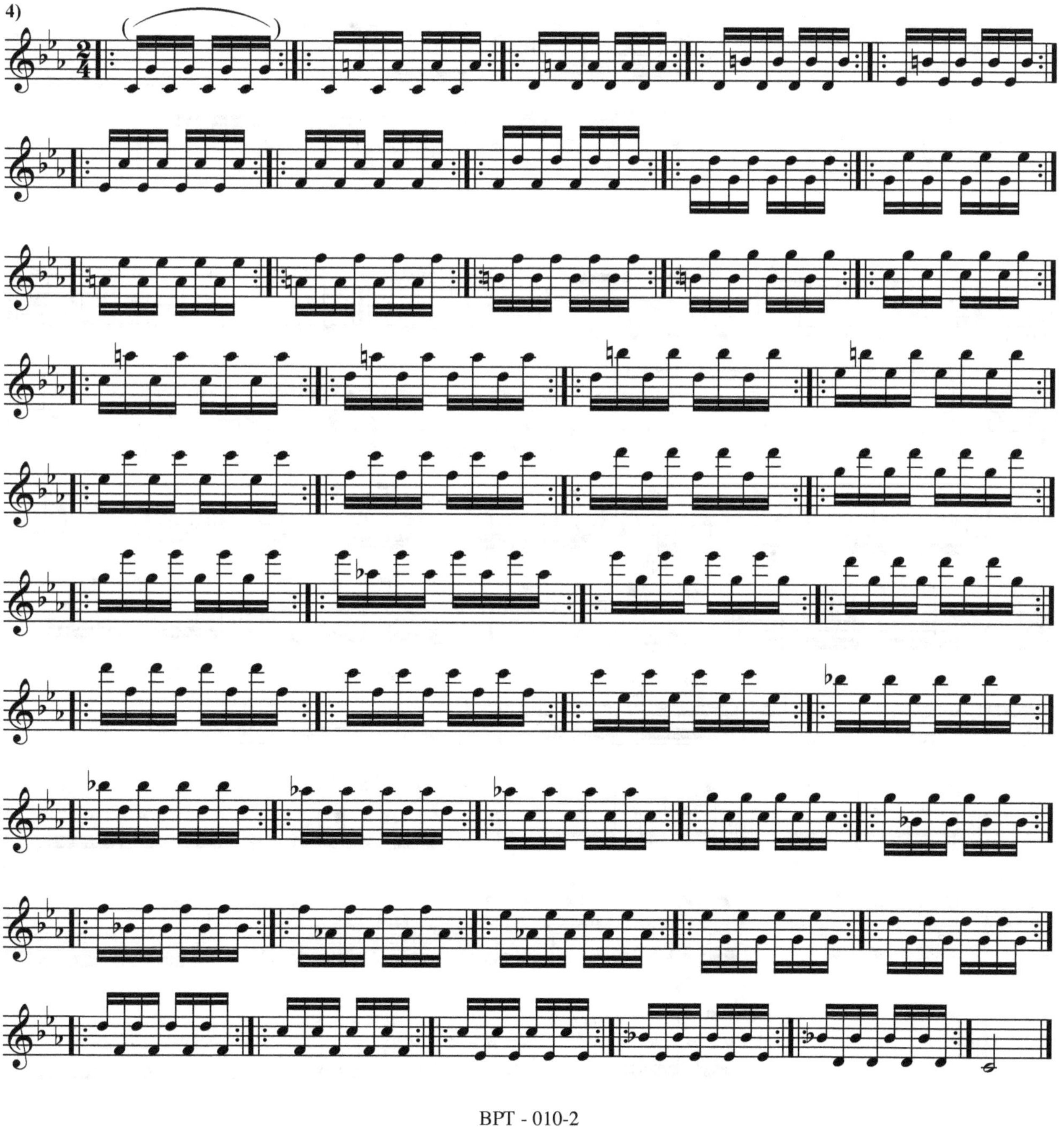

70

Do minore Bach

72

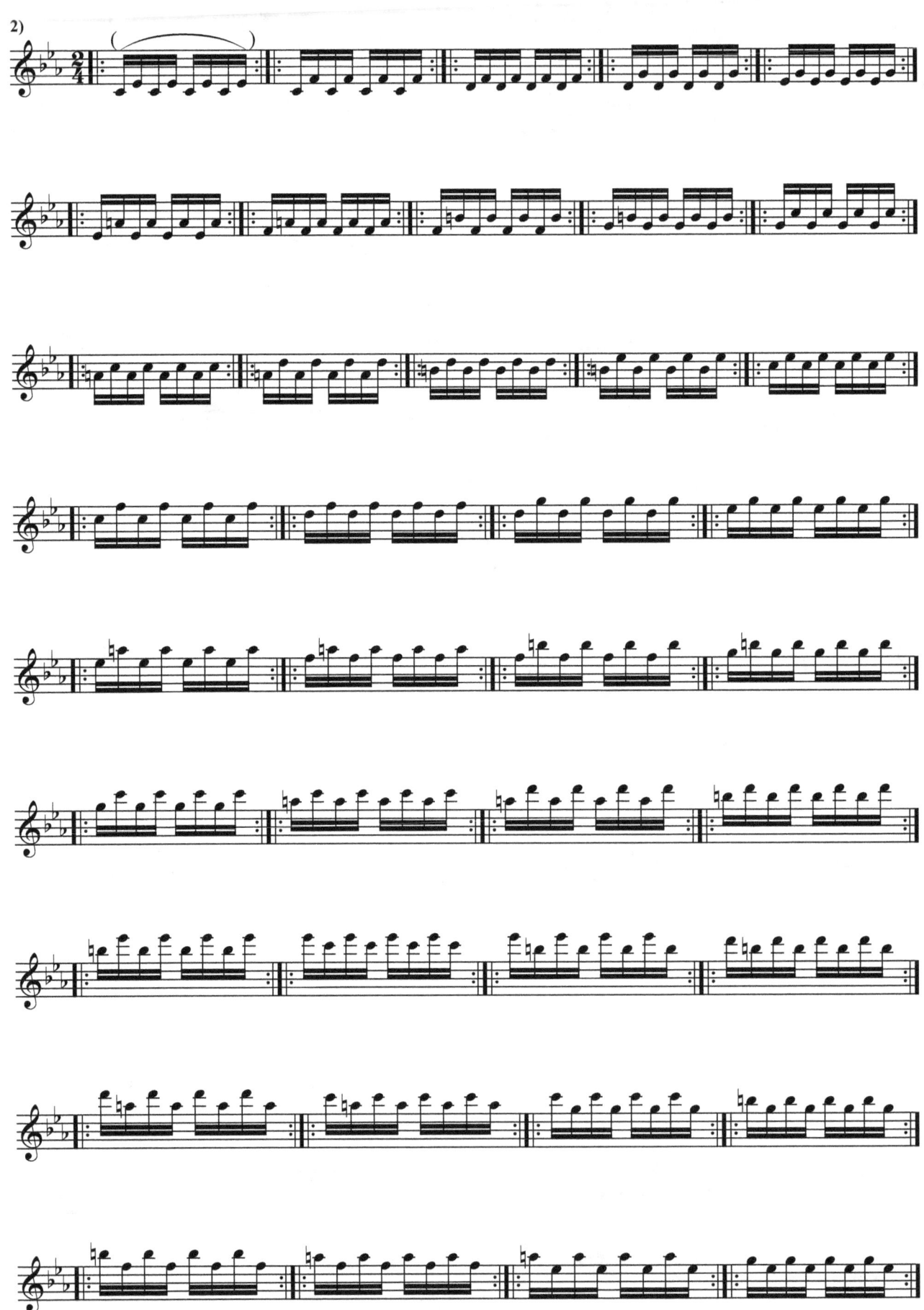

73

74